Elizete Lisboa

Ilustrações de Ana Raquel

Dados Internacionais de Catalogação na Publicação (CIP)
(Câmara Brasileira do Livro, SP, Brasil)

Lisboa, Elizete
   Firirim finfim / Elizete Lisboa ; ilustrações de Ana Raquel. – São Paulo : Paulinas, 2007. – (Coleção fazendo a diferença. Série roda-pião)

   ISBN 978-85-356-2071-9

   1. Literatura infantojuvenil   I. Raquel, Ana.   II. Título.   III. Série.

07-7409   CDD-028.5

Índices para catálogo sistemático:
   1. Literatura infantil   028.5
   2. Literatura infantojuvenil   028.5

5ª edição – 2011
1ª reimpressão – 2021

Revisado conforme a nova ortografia

Direção-geral: *Flávia Reginatto*
Editora responsável: *Maria Alexandre de Oliveira*
Assistente de edição: *Rosane Aparecida da Silva*
Coordenação de revisão: *Marina Mendonça*
Revisão: *Ana Cecilia Mari e Mônica Elaine G. S. da Costa*
Direção de arte: *Irma Cipriani*
Gerente de produção: *Felício Calegaro Neto*
Produção de arte: *Telma Custódio*

Nenhuma parte desta obra poderá ser reproduzida ou transmitida por qualquer forma e/ou quaisquer meios (eletrônico ou mecânico, incluindo fotocópia e gravação) ou arquivada em qualquer sistema ou banco de dados sem permissão escrita da Editora. Direitos reservados.

Paulinas
Rua Dona Inácia Uchoa, 62
04110-020 – São Paulo – SP (Brasil)
Tel.: (11) 2125-3500
http://www.paulinas.com.br – editora@paulinas.com.br
Telemarketing e SAC: 0800-7010081
© Pia Sociedade Filhas de São Paulo – São Paulo, 2007

Para Ezilma, Lilian, Fernanda. Para JB. Amar é para sempre.

A galinha estava feliz. Naquele dia, ela havia recebido presente. Uma sombrinha. Linda.

O céu todo azul não anunciava chuva não.
Mas podia vir chuva sem aviso. Uma chuva mansa,
molhando a preguiça do verão.

A galinha não duvidou mais. Apanhou a sombrinha.
E foi até a casa do macaco.
Bateu na porta. Chamou alto, chamou outras vezes.

Ninguém respondeu. A galinha tentou ver por um buraco
de fechadura. Já ia espiando por debaixo da porta,
quando o macaco apareceu na janela.

Ele estava rindo. Oh, estava lindo, no seu casaco novo, que também havia sido presente. Galinha fez um convite, macaco aceitou, e os dois saíram pra passear.

Seguindo por uma trilha, eles logo encontraram a cabra.
Bem-humorada, a cabra se divertia brincando
com os seus três bebês cabritinhos.

Os amigos, galinha, macaco, cabra, trocaram elogios. Comentaram novidades. Depois, foram caminhar na mata.

Viram o pé de jatobá, o pé de ingá, um pé de fruta brava.
Viram um joão-de-barro, acabando de entrar em casa.

Viram também a garça, com a sua beleza branca de noiva
e de princesa, pousada num galho de árvore.
A garça veio cumprimentar. Mas, estranho.

De um momento para o outro, a garça perdeu sua elegância.
Ela arregalou um olho feio. O mais feio que podia haver.
E ficou olhando torto para a sombrinha da galinha,

para o casaco do macaco. Aquele olho feio também
olhou para cada um dos três bebês cabritinhos.
Uma garça carrancuda, cara amarrada. O que estaria errado?

De repente: desastre. A garça deu uma bicada na sombrinha, tão bonita. PIC! Deu bicada – e também uma puxada – no casaco e no rabo do macaco. Ai ai! Indignado,

enfezado, o macaco botou uma imensa língua de fora.
Enrolou o rabo, bem enrolado. Tremia de raiva.
Ia dar uns tabefes na garça. E meia dúzia de arranca penas.

Não aconteceu. O macaco, que dava boi, boiada,
cacho de banana, para não brigar, achou melhor ir embora
e desapareceu, correndo e pulando entre as árvores.

Os outros bichos foram atrás dele. Fugiram. A garça ficou sozinha. Ficou com seus pensamentos. Ela pensou, pensou igual, pensou desigual, diferente, ré, repensou.

E voou. Ficou um longo tempo voando, procurando os amigos.
Encontrou-os. Conversaram. Afinal a garça pediu:
"Pois é, galinha. Preciso muito

que você, a cabra e os cabritinhos me desculpem. Por favor!!
Ô macaco. Peço pra você me desculpar e ficar sendo sempre meu amigo."
Bicho não mente.

Aquele pedido era de verdade mesmo. Por isso, todos perdoaram a garça.
Houve muitos abraços. E todos foram juntos bater papo no recanto,
lá onde o rio começa.

Um bate-papo animado, mais bichos foram se juntando.
Onça...

Lobo, sapo, curiango, grilo, cigarra, saracura,

tucano, maritacas.

De longe se ouvia

conversa comprida, que era só blablablá bloblobló, cri, cri, ssi ssi, oi oi, runc, crá crá crá.

Os bichos estavam alegres, gostando muito de falar.
Alegria só foi crescendo. Cresceu mais e mais e virou

música. Então a garça deu dois pulinhos, bailou suas asas, pra lá, pra cá, dó ré, dó fá, e cantou cantiga que era assim:

Firirim, firirim,
galinha ganhou sombrinha,
macaco ganhou casaco. E a garça?

Oh, dona garça
ganhou um abraço.
Firirim finfim fururão fão fão!

Foi assim que aconteceu. Até hoje, nos escondidos da mata,
lá está a bicharada, tagarelando, cantando,
de dia, de noite, de madrugada.